두 번째 책

할아버지 할머니와 함께하는
손주의 기도

김완수 지음

사무엘

할아버지 할머니와 함께하는
손주의 기도

초판1쇄 : 2020년 7월 20일

지은이 : 김완수
펴낸이 : 이규종
펴낸곳 : 사무엘출판사
주소 : 서울시 마포구 토정로222
　　　한국출판콘텐츠센터 422-3
출판등록 : 제313-2006-000151호(2006년7월22일)
전화 : 02-6401-7004
팩스 : 02-323-6416
이메일 : elman1985@hanmail.net
www.elman.kr
ISBN : 978-89-961257-5-4 73230

무료 음원 다운로드 www.elman.kr

이 책에 대한 무단 전재 및 복제를 금합니다.
잘못된 책은 구입하신 서점에서 바꿔드립니다.

값 11,500 원

두 번째 책

할아버지 할머니와 함께하는
손주의 기도

김완수 지음

사무엘

이 책의 효과적인 활용법

* 손주의 기도는 12 권의 책이 출판될 계획입니다.

1. 할아버지 할머니와 손주가 각각 책을 가지고 있어야 효과적입니다.
2. 손주와 약속 시간을 정해 놓고 매일 매일 기도의 시간을 갖는 것이 효과적입니다.
3. 영,유아기인 손주일 경우는 무릎 위에 안고 기도하는 것이 효과적입니다.
4. 안고 기도하기 힘이 들 때는 누군가가 앞에 안게 하고서 두 손을 꼬옥 잡고 하는 것이 효과적입니다.
5. 할아버지 할머니가 먼저 하고 손주가 따라 하도록 합니다.
6. 하루에 2 쪽 이상을 넘지 않도록 합니다.

7. 같이 살지 않을 때는 전화로 기도합니다. 이 때는 더욱 각각 책을 가지고 있어야 합니다.
8. 영어 기도는 할아버지 할머니가 먼저 읽어 보고 준비합니다.
9. 손주가 읽고 또 읽어서 외우도록 하면 믿음의 사람이 되며 또 영어 공부가 충분히 되도록 하였습니다.
10. 할아버지 할머니만이 책을 가지고 기도한다면 한 권을 전부 끝마친 후 꼭 손주에게 전달하여 주도록 합니다.
11. 손주의 기도 12 권을 꼭 마치도록 합니다.
12. 모든 것을 전부 학습하였다 하더라도 믿음보다 더 소중할 수는 없습니다.

* 이 책은 아빠 엄마가 어린이와 함께 기도해도 좋습니다.
가장 효과적인 기도는 믿음과 사랑입니다!

들어가는 말

『할아버지 할머니와 함께하는 손주의 기도 1』에 이어 2권을 썼다. 이 책은 손주와 함께 기도하며 손주가 어린 나이부터 기도를 생활화하고 신앙심을 키울 수 있도록 도와주는 기도문들이다.

이 책의 특징은 손주가 지루하지 않게 따라서 할 수 있도록, 어린이들이 이해하기 쉬운 어휘와 간단한 문장으로 구성하였다. 2권은 1권보다 기도문을 다소 길게 만들었다. 기도의 내용은 어린이들에게 친근한 소재를 표현하면서 감사, 구원, 회개, 믿음, 소망 등 기도의 핵심적 내용을 골고루 담았다.

할머니나 할아버지가 한 문장씩 천천히 읽어주고 손주가 따라서 하며 기도를 마무리하면

된다. 기도문이 익숙해질 수 있도록, 같은 기도문을 몇 번씩 반복해도 좋다. 나중에 복습할 때는, 읽어주는 횟수를 점점 줄이고 손주가 혼자서 읽도록 한다.

지은이 김완수

1. 하나님, (　)(이)에게

    하나님을 알고자 하는 마음을 주셔서 감사합니다.

    하나님을 믿는 깨끗한 마음을 주셔서 감사합니다.

    하나님을 사랑하는 예쁜 마음을 주셔서 감사합니다.

    예수님의 이름으로 기도합니다. 아멘.

쉬운 영어 기도

God, thank You for your love.
하나님, 하나님의 사랑에 감사드립니다.
God, thank You for giving me faith.
하나님, 저에게 믿음을 주셔서 감사합니다.

2. 하나님, (   )(이)에게

  하나님 말씀을 배우려는 마음을 주셔서 감사합니다.

  날마다 꾸준히 배우도록 도와주세요.

  그리고 배운 말씀을 따라서 행동하도록 도와주세요.

  예수님의 이름으로 기도합니다. 아멘.

쉬운 영어 기도

God, help me (to) learn Your Word well.
하나님, 제가 하나님의 말씀을 잘 배우도록 도와주세요.

God, help me (to) read the Bible every day.
하나님, 제가 성경을 날마다 읽도록 도와주세요.

3. 하나님, (   )(이)를
   하늘과 땅보다 소중하다고
   말씀해주시니 감사합니다.
   이 말씀을 (   )(이)가
   늘 기뻐하고 감사하게 해주세요.
   예수님의 이름으로 기도합니다. 아멘.

쉬운 영어 기도

I am a child of God.
저는 하나님의 자녀예요.
So God always takes care of me.
그래서 하나님이 늘 저를 돌보십니다.

4. 하나님, (   )(이)가 오늘도
   잘 뛰어놀게 하시니 감사합니다.
   늘 건강하게 하시고 키도 잘 자라고
   믿음과 지혜도 잘 자라고
   마음도 착하고 예쁘게 자라게 도와주세요.
   예수님의 이름으로 기도합니다. 아멘.

쉬운 영어 기도

When night comes, I am full of peace.
밤이 오면, 저는 평화로 가득합니다.
I dream happy dreams.
저는 행복한 꿈들을 꿉니다.
I am happy, happy in my God.
저는 하나님 안에서 정말 행복합니다.

5. 하나님, (　)(이)에게 건강한 몸을 주셔서
감사합니다.
(　)(이)가 음식을 골고루 잘 먹고
운동도 열심히 하고
즐겁게 놀기도 하며
(　)(이)의 몸을 잘 돌보게 도와주세요.
예수님의 이름으로 기도합니다. 아멘.

쉬운 영어 기도

God hears my prayers.
하나님은 제 기도를 듣습니다.
He always listens to me.
그는 저에게 늘 귀를 기울이십니다.
Because I am His child.
왜냐하면 제가 그의 자녀이기 때문이지요.

6. 하나님, 하나님은 항상 (   )(이)의 마음에 계심을 믿습니다.
그래서 걸어 다닐 때도 (   )(이)와 함께 계시고
공부할 때도 (   )(이)와 함께 계시고
잠을 잘 때도 (   )(이)와 함께 계신 것을 믿습니다.
항상 지키시고 보호해주셔서 정말 감사합니다.
예수님의 이름으로 기도합니다. 아멘.

쉬운 영어 기도

God is always with me.
하나님은 항상 저와 함께 계십니다.
God, thank You for Your protection.
하나님, 보호해주셔서 감사합니다.
God, I am always happy because You are always with me.
하나님, 하나님이 항상 저와 함께 계셔서 항상 행복합니다.

7. 사랑이 많으신 하나님,
   하나님이 (　)(이)와 온 가족을 날마다
   사랑해주시고 먹을 것도 주시고 보호해주시니
   기쁘고 감사합니다.
   (　)(이)도 날마다 하나님을 사랑하고
   온 가족을 사랑하도록 도와주세요.
   예수님의 이름으로 기도합니다. 아멘.

쉬운 영어 기도

God of love, thank you for everything.
사랑의 하나님, 모든 것에 감사합니다.
God, please help me (to) love God every day.
하나님, 제가 하나님을 날마다 사랑하도록 도와주세요.
God, please help me (to) love
all my family every day.
하나님, 제가 온 가족을 날마다 사랑하도록 도와주세요.

8. 하나님, (　)(이)가 하나님을 기쁘게 하길 원합니다.
늘 믿음의 마음으로 살도록 도와주세요.
하나님과 다른 사람들에게 늘 정직하고 거짓말하지 않도록 도와주세요.
기도하고 성경 말씀 배우는데 부지런하게 도와주세요.
예수님의 이름으로 기도합니다. 아멘.

쉬운 영어 기도

God, I want to please You.
하나님, 저는 하나님을 기쁘게 하길 원합니다.
God, please help me not to tell a lie.
하나님, 제가 거짓말하지 않도록 도와주세요.
God, please help me to be honest.
하나님, 제가 정직하도록 도와주세요.

9. 하나님은 (　)(이)가 믿음을 사용할 때 기뻐하십니다.

믿음은 살아계신 하나님을 믿고

하나님의 말씀은 하나님의 능력이 있다고 믿고

예수님이 (　)(이)를 구원했다고 믿는 것이지요.

(　)(이)가 항상 이러한 믿음을 나타내도록 도와주세요.

예수님의 이름으로 기도합니다. 아멘.

쉬운 영어 기도

God is happy when I use my faith.
하나님은 제가 믿음을 사용할 때 기뻐합니다.
I believe God is alive.
저는 하나님이 살아계신다고 믿습니다.
I believe God's Word is powerful.
저는 하나님의 말씀은 강력하다고 믿습니다.

10. 하나님, (   )(이)가 밥을 먹을 때
바른 자세로 앉지 않고
반찬을 골고루 먹지 않고
돌아다니며 먹을 때가 많습니다.
(   )(이)의 잘못을 용서해주세요.
예수님의 이름으로 기도합니다. 아멘.

쉬운 영어 기도

God, please forgive me.
하나님, 저를 용서해주세요.
O Lord, please forgive my sins.
오 주님, 저의 죄를 용서해주세요.
Jesus, I did not obey Your Word.
예수님, 제가 예수님의 말씀을 순종하지 않았습니다.

11. 하나님, (　)(이)의 잘못을 용서해주세요
주일날 아침에 늦잠을 자서
교회에 가지 않을 때가 있습니다.
주일 날 아침에는
항상 일찍 일어나게 도와주세요.
예수님의 이름으로 기도합니다. 아멘.

쉬운 영어 기도

God, please forgive my errors.
하나님, 제 잘못을 용서해주세요.
Jesus, I did not follow Your will.
예수님, 제가 예수님의 뜻을 따르지 않았습니다.
Please help me (to) get up early.
제가 일찍 일어나도록 도와주세요.

12. 하나님, 기도는 하나님과의 대화이므로
(   )(이)가 기도하기를
항상 기뻐하게 도와주세요.
특별히 아침에 일어날 때와
밤에 잠자리에 눕기 전에 꼭 기도하게 도와
주세요.
예수님의 이름으로 기도합니다. 아멘.

쉬운 영어 기도

Prayer is the dialogue with God.
기도는 하나님과의 대화입니다.
When I get up in the morning, I want to pray.
제가 아침에 일어날 때, 기도하기를 원합니다.
I pray before I go to bed.
저는 잠자리에 들기 전에 기도합니다.

13. 하나님, 공원에 가니
　　꽃들이 예쁘게 미소짓고
　　새들이 즐겁게 노래합니다.
　　(　　)(이)도 날마다 하나님께
　　찬양하기를 원합니다.
　　예수님의 이름으로 기도합니다. 아멘.

쉬운 영어 기도

Flowers smile.
꽃들이 미소집니다.
Birds sing.
새들이 노래합니다.
I want to praise God.
저는 하나님을 찬양하기 원합니다.

14. 하나님, 하나님은 정직한 사람을
기뻐하십니다.
(   )(이)가 하나님께
그리고 부모와 친구들에게
늘 정직하게 생각하고 말하도록 도와주세요.
예수님의 이름으로 기도합니다. 아멘.

쉬운 영어 기도

God likes an honest person.
하나님은 정직한 사람을 좋아하십니다.
I want to be honest.
저는 정직하기를 원합니다.
God, please help me to be honest.
하나님, 제가 정직하도록 도와주세요.

15. 하나님, 오늘 하루 (   )(이)를 지켜주세요
   차로부터 안전하게 보호해주시고
   나쁜 사람을 만나지 않도록 지켜주시고
   다치지 않도록 보호해주시고
   질병에 걸리지 않도록 지켜주세요.
   예수님의 이름으로 기도합니다. 아멘.

쉬운 영어 기도

God, please keep me safe.
하나님, 저를 안전하게 지켜주세요.
God, I believe You are always with me.
하나님, 하나님이 항상 저와 함께 계심을 믿습니다.
Lord, thank You for Your protection.
주님, 주님의 보호에 감사합니다.

16. 하나님, 누군가가 (   )(이)를 화나게 해도
(   )(이)가 화내지 않도록 도와주세요.
하나님은 화내는 것을 기뻐하지 않기 때문입니다.
쉽게 짜증내거나 화내지 않도록
항상 (   )(이)의 마음에 평화를 주세요.
예수님의 이름으로 기도합니다. 아멘.

쉬운 영어 기도

God, please give me peace.
하나님, 저에게 평화를 주세요.
God doesn't want me to get angry.
하나님은 제가 화내는 것을 원하지 않아요.
God, please help me not to get angry.
하나님, 제가 화내지 않도록 도와주세요.

17. 하나님, 하나님의 사랑은 얼마나 큰가요?

(　)(이)가 공부를 안 해도

(　)(이)가 말썽을 피워도

날마다 좋은 날 주시고 보살펴주시니

하나님의 큰 사랑에 감사드립니다.

예수님의 이름으로 기도합니다. 아멘.

쉬운 영어 기도

God's love is great.
하나님의 사랑은 위대합니다.
God, thank You for Your great love.
하나님, 하나님의 위대한 사랑에 감사합니다.
God always loves me.
하나님은 항상 저를 사랑합니다.

18. 하나님, 하나님의 능력은 얼마나 위대한가요?
  태양이 조금만 가까이 있어도 너무 뜨겁고
  태양이 조금만 멀리 있어도 너무 추울 텐데
  알맞은 거리에 있게 해주셔서
  정말 감사드립니다.
  예수님의 이름으로 기도합니다. 아멘.

쉬운 영어 기도

God's power is great.
하나님의 능력은 위대합니다.
My power is weak.
나의 능력은 약합니다.
But I am strong in God.
그러나 저는 하나님 안에서 강합니다.

19. 하나님, 동물들을 만들어 주셔서 감사합니다.
　　공원에서 사슴과 토끼와 공작새들이
　　즐겁게 노는 모습을 보았습니다.
　　정말 귀엽고 사랑스럽습니다.
　　좋은 친구들을 만나게 해주셔서 감사합니다.
　　예수님의 이름으로 기도합니다. 아멘.

쉬운 영어 기도

God, thank You for making animals.
하나님, 동물들을 만드셔서 감사합니다.
Animals are cute and lovely.
동물들은 귀엽고 사랑스럽습니다.
Animals are my friends.
동물들은 저의 친구입니다.

20. 하나님, 꽃들을 만들어 주셔서 감사합니다

여러 가지 예쁜 꽃들을 보면
마음이 행복해집니다.
향기가 좋은 꽃들은 정말 최고에요.
(   )(이)도 향기로운 꽃처럼 자라게 도와주세요.
예수님의 이름으로 기도합니다. 아멘.

쉬운 영어 기도

God, thank You for making flowers.

하나님, 꽃을 만드셔서 감사합니다.

Flowers are pretty and lovely.

꽃들은 예쁘고 사랑스러워요.

Flowers make me happy.

꽃들은 저를 행복하게 해줍니다.

21. 하나님, 하늘을 파란색으로 만드시고
쳐다보면 마음을 평화롭게 하시니 감사합니다.
빨간색으로 만드셨으면, 마음이 몹시 짜증날
것 같아요.
(   )(이) 마음이 파란 하늘처럼
항상 예쁘고 평화롭게 도와주세요.
예수님의 이름으로 기도합니다. 아멘.

쉬운 영어 기도

The sky is blue.
하늘은 파란색입니다.
God made the sky blue.
하나님이 하늘을 파란색으로 만드셨습니다.
My heart is peaceful.
내 마음은 평화롭습니다.

22. 하나님, 마시는 물을 깨끗하게 만드셔서 감사합니다.
마시는 물을 검은색으로 만드셨으면,
더러워도 모를 거예요.
하나님, (   )(이) 마음도 마시는 물처럼
항상 깨끗하게 도와주세요.
예수님의 이름으로 기도합니다. 아멘.

쉬운 영어 기도

Drinking water is clean.
마시는 물은 깨끗합니다.
God made drinking water clean.
하나님이 마시는 물을 깨끗하게 만드셨습니다.
This water is dirty.
이 물은 더럽습니다.

23. 예수님, (   )(이)에게
친구가 되어주셔서 감사합니다.
아빠와 엄마가 직장에 가고 없을 때
그들 대신 함께해주시고
돌보아주시니 감사합니다.
예수님의 이름으로 기도합니다. 아멘.

쉬운 영어 기도

Jesus, You are my friend.
예수님, 예수님은 저의 친구입니다.
Jesus is always with me.
예수님은 항상 저와 함께 계십니다.
Jesus, thank You for taking care of me.
예수님, 저를 돌보아주셔서 감사합니다.

24. 하나님, (　)(이)에게 날마다
먹을 것을 주시니 감사합니다.
골고루 잘 먹고
무럭무럭 자라도록 도와주세요.
키가 자랄 때 믿음과 지혜도 함께
자라도록 축복해주세요.
예수님의 이름으로 기도합니다. 아멘.

쉬운 영어 기도

God, thank You for giving me food every day.
하나님, 저에게 날마다 음식을 주시니 감사합니다.
I am short.
저는 키가 작습니다.
He is tall.
그는 키가 큽니다.

25. 하나님, (   )(이)를 사랑해주세요

(   )(이)의 아빠와 엄마는 (   )(이)를
무척 사랑합니다.
(   )(이)는 그들에게 소중합니다.
그들은 (   )(이)를 위해 날마다 기도합니다.
하나님, (   )(이)가 그들의 사랑에
감사하도록 도와주세요.
예수님의 이름으로 기도합니다. 아멘

쉬운 영어 기도

God, please love me.
하나님, 저를 사랑해주세요.
I am precious to them.
나는 그들에게 소중합니다.
They pray for me every day.
그들은 저를 위해 날마다 기도합니다.

26. 하나님, (　)(이)의 아빠와 엄마를 사랑해주세요.

그들을 날마다 보호해주세요.

그들은 (　)(이)에게 매우 소중합니다.

그들에게 좋은 건강을 주세요.

하나님, 그들이 (　)(이)를 잘 돌보도록 도와주세요.

예수님의 이름으로 기도합니다. 아멘.

쉬운 영어 기도

God, please love my dad and mom.
하나님, 저의 아빠와 엄마를 사랑해주세요.
They are precious to me.
그들은 저에게 소중합니다.
Please give them good health.
그들에게 좋은 건강을 주세요.

27. 하나님, (   )(이)가 천국에서 살 수 있도록
    예수님이 십자가에 돌아가셨고
    3일 만에 다시 살아나셨다는 것을
    꼭 믿게 해주세요.
    예수님의 그 사랑을 항상 감사하게 해주세요.
    예수님의 이름으로 기도합니다. 아멘.

쉬운 영어 기도

Jesus died for me on the Cross.
예수님이 십자가에서 저를 위해 돌아가셨습니다.
Jesus was alive 3 days after He died.
예수님은 돌아가신 지 3일 후에 살아나셨다.
Jesus, thank You for Your love.
예수님, 예수님의 사랑에 감사합니다.

28. 하나님, (   )(이)가
    저에게 좋은 것만 생각하지 않고
    친구들이 좋아하는 것을 생각하고
    그들을 도울 수 있는 마음이
    만들어질 수 있도록 도와주세요.
    예수님의 이름으로 기도합니다. 아멘.

쉬운 영어 기도

I like to make friends.
저는 친구들을 사귀는 것을 좋아합니다.
I want to help friends.
저는 친구들을 돕기 원합니다.
God, please help me (to) make good friends.
하나님, 제가 좋은 친구들을 사귀도록 도와주세요.

29. 하나님, (   )(이)가 동생과 놀 때마다
화내는 것을 참고
친절한 말을 하며
사랑을 주는 연습을 하도록
도와주세요.
예수님의 이름으로 기도합니다. 아멘.

쉬운 영어 기도

God is good.
하나님은 좋으십니다.
God is kind.
하나님은 친절합니다.
I want to be good and kind.
저는 착하고 친절하기를 원합니다.

30. 하나님, 넓은 바다를 만드신
   하나님의 능력은 위대합니다.
   높은 산을 만드신
   하나님의 능력은 위대합니다.
   크고 놀라운 하나님의 능력을 찬양합니다.
   예수님의 이름으로 기도합니다. 아멘.

쉬운 영어 기도

God's power is great.
하나님의 능력은 위대합니다.
God made the sea.
하나님은 바다를 만드셨습니다.
God made high mountains.
하나님은 높은 산들을 만드셨습니다.

31. 하나님의 은혜는 항상 (   )(이)와 함께 있어서
(   )(이)의 마음에 기쁨과 평화가 넘치게 합니다.
하나님은 사랑으로 가득해서
언제나 (   )(이)의 마음에 사랑을 채워줍니다.
하나님의 은혜와 사랑에 감사합니다.
예수님의 이름으로 기도합니다. 아멘.

쉬운 영어 기도

God's grace is always with me.
하나님의 은혜는 항상 저와 함께 있습니다.
God is full of love.
하나님은 사랑으로 가득합니다.
God, thank You for Your grace and love.
하나님, 하나님의 은혜와 사랑에 감사합니다.

32. 하나님은 (   )(이)가
    하나님을 잊고 지낼 때도
    (   )(이)를 항상 지켜보며
    돌보고 계십니다.
    하나님의 크신 사랑에 감사합니다.
    예수님의 이름으로 기도합니다. 아멘.

쉬운 영어 기도

God is always with me.
하나님은 항상 저와 함께 계십니다.
God takes care of me.
하나님은 저를 돌보십니다.
God, thank You for Your great love.
하나님, 하나님의 크신 사랑에 감사합니다.

33. 하나님, (   )(이)가
    하나님을 사랑하고
    하나님 말씀도 사랑하게 도와주세요.
    날마다 하나님을 사랑하는 마음으로
    말씀을 읽고 암송하게 도와주세요.
    예수님의 이름으로 기도합니다. 아멘

쉬운 영어 기도

God, please help me (to) love You.
하나님, 제가 하나님을 사랑하도록 도와주세요.
God, please help me (to) love Your Word.
하나님, 제가 하나님의 말씀을 사랑하도록 도와주세요.
God, I love You and Your Word.
하나님, 저는 하나님과 하나님의 말씀을 사랑합니다.

34. 하나님, (   )(이)가 다칠 때
상처에서 피가 나면
겁을 먹고 웁니다.
앞으로는 겁먹지 말고
최고의 의사이신 예수님께 기도하게 해주세요.
예수님의 이름으로 기도합니다. 아멘.

쉬운 영어 기도

I am afraid of blood.
저는 피를 두려워합니다.
Jesus is the best doctor.
예수님은 최고의 의사입니다.
I pray to Jesus.
저는 예수님께 기도합니다.

35. 하나님, 지난밤 (   )(이)가
  잠 잘 자게 도와주셔서 감사합니다.
  새로운 날을 주신 것도 감사합니다.
  (   )(이)가 오늘을 하나님의 선물로 생각하며
  행복한 마음으로 지내게 해주세요.
  예수님의 이름으로 기도합니다. 아멘.

쉬운 영어 기도

I slept well.
저는 잠을 잘 잤어요.
God, thank You for Your grace.
하나님, 하나님의 은혜에 감사해요.
Today is God's present.
오늘은 하나님의 선물입니다.

36. 하나님, 천국에서 영원히 살 수 있는
구원의 선물을 주셨으니 감사합니다.
(   )(이)가 그 선물을
기뻐하고 감사하며
친구들에게 그 선물을 자랑하게 해주세요.
예수님의 이름으로 기도합니다. 아멘.

쉬운 영어 기도

God, thank You for Your present.
하나님, 하나님의 선물에 감사합니다.
I think the kingdom of God is
so beautiful.
저는 천국이 매우 아름답다고 생각합니다.
I am always joyful and thankful.
저는 항상 기쁘고 감사합니다.

37. 하나님, 잘한 것도 없는데
   하나님의 자녀로 만들어 주시니
   너무나 감사합니다.
   (   )(이)도 하나님의
   자녀인 것을 감사하게 해주세요.
   예수님의 이름으로 기도합니다. 아멘.

쉬운 영어 기도

God made me His child.
하나님은 저를 그의 자녀로 삼았습니다.
God is my Father.
하나님은 저의 아버지이십니다.
God, thanks for Your grace.
하나님, 하나님의 은혜에 감사합니다.

38. 하나님은 만왕의 왕입니다

하나님은 (　　)(이)를 구원한 분입니다.
하나님은 (　　)(이)의 주인입니다.
하나님은 (　　)(이)를 사랑합니다.
(　　)(이)가 위대하신 하나님을 찬양합니다.
예수님의 이름으로 기도합니다. 아멘.

쉬운 영어 기도

God is (the) King of Kings.
하나님은 만왕의 왕입니다.
God is my master.
하나님은 나의 주인입니다.
I praise the great God.
저는 위대하신 하나님을 찬양합니다.

39. (   )(이)는 하나님의 어린 양이고
하나님은 어린 양의 주인입니다.
하나님은 어린 양을 사랑하고 돌보시며
그를 가장 좋은 길로 인도합니다.
좋으신 하나님, 감사합니다.
예수님의 이름으로 기도합니다. 아멘.

쉬운 영어 기도

I am a little lamb of God.
저는 하나님의 어린 양입니다.
God loves a little lamb.
하나님은 어린 양을 사랑하십니다.
God takes care of a little lamb.
하나님은 어린 양을 돌보십니다.

40. 하나님, (   )(이)와 함께
기도할 수 있는 복을 주셔서 감사합니다.
(   )(이)도 할아버지(할머니)와 함께
기도할 수 있는 복을 감사하게 하여주세요.
함께 기도하는 복을 오래오래 누리게
하여주세요.
예수님의 이름으로 기도합니다. 아멘.

쉬운 영어 기도

God bless my grandson(grandaughter).
하나님 저의 손자(손녀)를 축복해주세요.
God bless my grandpa(grandma).
하나님 저의 할아버지(할머니)를 축복해주세요.
I pray in Jesus' name
(in the name of Jesus).
예수님의 이름으로 기도합니다.

십계명

1. 너는 나 외에는 다른 신들을 네게 있게 말지니라.
2. 너는 아무 형상이든지 너를 위하여 우상을 만들지 말고, 그것들에게 절하지 말며, 그것들을 섬기지 말라.
3. 너는 너의 하나님 여호와의 이름을 망령되이 일컫지 말라.
4. 안식일을 기억하여 거룩히 지키라.
5. 네 부모를 공경하라.
6. 살인하지 말지니라.
7. 간음하지 말지니라.
8. 도적질하지 말지니라.
9. 네 이웃에 대하여 거짓증거하지 말지니라.
10. 네 이웃의 집을 탐내지 말지니라.

The Ten Commandments

1. You Shall have no other gods before me.
2. You shall not make for yourself an idol in the form of anything. And you shall not bow down to them or worship them.
3. You shall not misuse the name of the Lord your God.
4. Remember the Sabbath day by keeping it holy.
5. Honor your father and your mother.
6. You shall not murder.
7. You shall not commit adultery.
8. You shall not steal.
9. You shall not give false testimony against your neighbor.
10. You shall not covet your neighbor's house.